Marie-Laure Medova

Mein erstes Ballettbuch

Eine Einführung in den klassischen Tanz

Aus dem Französischen übertragen von Judith Furrer

aare

Der Beginn

Die Sprache des Balletts ist Französisch, weil sich seine klassischen Formen
in Frankreich entwickelt haben. Doch keine Angst – die Fachwörter werden dir
schnell vertraut sein. Sie sind im Buch *schräg* gestellt. Nicht alle diese Wörter
können – wie etwa das Wort *exercice* = Übung – direkt übersetzt werden.
Umfassendere Begriffe wie der *pas de bourré* (Seite 28) verstehst du jedoch
leicht, wenn du den entsprechenden Text auf der Seite mit den Bildern
in Beziehung bringst. Vielleicht kommt dir das eine oder andere Geschlechtswort,
etwa <u>die</u> *exercice,* ungewohnt vor. Das Geschlecht jedes Fachworts richtet sich
nach dem französischen Wort.

In welchem Alter beginnst du am besten?

Mit 7 Jahren, vielleicht auch ein bißchen früher, kannst du beginnen, klassischen Tanz zu lernen. Deine Tanzlehrerin wird dir sagen können, ob dein Körper schon genügend entwickelt ist.

Bei ihrem Unterricht nimmt die Tanzlehrerin auf das Alter ihrer Schüler Rücksicht.

Wie läuft eine Tanzstunde ab?

Eine Tanzstunde dauert normalerweise eine volle Stunde. Zu Beginn mußt du dich aufwärmen: Du dehnst und lockerst deine Muskeln, um sie auf die anstrengenden Übungen vorzubereiten. Nach einigen Übungen am Boden arbeitest du an der Ballettstange. Ganz sorgfältig machst du deine Gelenke geschmeidig. Jetzt ist dein Körper auf die harte Arbeit vorbereitet. Mit Hilfe der Ballettstange wirst du dein Gleichgewicht finden und halten. Hier lernst du das richtige *placement,* das heißt, die korrekte Haltung.

Jetzt gehst du über zu den *exercices* (französisch für Übungen) in der Saalmitte. Das wird etwas schwieriger, weil du die Stange nicht mehr benutzen kannst.

Nun ist es an dir, dein eigenes Gleichgewicht zu finden. Bei den Übungen im Saal lernst du, dich mit Anmut zu bewegen.

Während der Stunde korrigiert dich die Lehrerin; sie gibt dir Ratschläge oder erklärt dir jede Bewegung, die du nicht verstanden hast.

Der Ballettsaal

Der Fußboden des Ballettsaales ist mit Parkett belegt. Darauf kannst du weich hüpfen und springen. An den Wänden sind die unentbehrlichen Spiegel angebracht. Du mußt dich beim Training immer wieder selber kontrollieren, um schlechte Haltungen korrigieren zu können.

Die Ballettstangen werden bei ganz bestimmten *exercices* gebraucht. Alle Übungen werden zu Musik ausgeführt, denn der Rhythmus ist die Grundlage des Tanzes. In der Garderobe ziehst du dich vor und nach der Tanzstunde um. Hier darfst du auch ein Schwätzchen mit deinen Kolleginnen halten, denn während der Stunde spricht nur die Lehrerin.

Die zwei Stangen helfen die *balance* zu finden und zu halten. Vor dem Spiegel kannst du deine Haltung korrigieren.

Bekleidung und Schuhe

Für die Mädchen: Ein enganliegendes Body (Rumpfteil), Ballettstrümpfe und blaßrosarote Halbspitzenschuhe.
Für die Jungen: Ein weißes T-Shirt, schwarze Balletthosen und schwarze Halbspitzenschuhe.
Trägst du die Haare lang, so binde sie zu einem Knoten zusammen, damit sie dich beim Tanzen nicht stören. Die Kleider sollten immer sehr sauber sein.

Ein straffer Haarknoten unterstreicht die schöne Kopfhaltung.

Die Halbspitzenschuhe werden ohne Elastikband verkauft. Du mußt es selber annähen (wie auf dem Foto). Der Schuh sitzt so besser.

Spitzenschuhe sind für dich noch nicht erlaubt. Es braucht Jahre harten Trainings, bis die Fußgelenke für den Spitzentanz stark genug sind.

Deine Tanzstunde

Als erstes lernst du, dich graziös zu bewegen,
mit Leichtigkeit zu laufen und die Rhythmen der Musik zu hören.
Dann kommen die Übungen am Boden, an der Stange und in der Saalmitte.
Aber zuallererst mußt du dich mit den fünf Grundpositionen vertraut machen.

Die fünf Positionen

Ohne die fünf Grundpositionen kannst du keine Bewegung des klassischen Tanzes lernen. Tatsächlich beginnen und enden fast alle klassischen Tanzschritte mit einer von ihnen.
Zu jeder Fußstellung gehört eine entsprechende Armhaltung.

Erste Position

Die Arme sind leicht gehoben und beschreiben einen Kreis.
Die Beine sind gestreckt, die Fersen berühren sich, und die Füße stehen auf einer Linie.

Zweite Position

Die Arme sind seitlich geöffnet und leicht gebeugt.
Die Beine sind gestreckt und die Füße schön ausgedreht.

Dritte Position

Der rechte Arm wird leicht rund angehoben, der linke bleibt in der zweiten Position. Die Ferse des rechten Fußes berührt die Mitte des linken.

Vierte Position

Der rechte Arm bleibt in der dritten Position und der linke Arm kommt vor den Körper in die erste Position. Der rechte Fuß gleitet parallel vor den linken. Der Abstand sollte ungefähr eine Fußlänge betragen.

Fünfte Position

Die Arme werden gehoben und beschreiben einen Kreis. Die Hände über dem Kopf berühren sich nicht. Diese Armhaltung nennt man *couronne*, was, wörtlich übersetzt, Krone bedeutet. Die Füße sind geschlossen, so daß jeweils die Ferse des einen die Fußspitze des andern berührt.

Die *exercices* am Boden

Die Übungen am Boden lockern sämtliche Muskeln und stärken deinen Rücken, deine Beine und deine Bauchmuskeln.

Lockern der Rückenmuskulatur und Stärken der Bauchmuskeln

1 Lege dich auf den Boden und beuge die Beine zu einem *plié* (Seite 20): Die Fußspitzen berühren sich, die Fersen sind leicht vom Boden abgehoben.

2 Jetzt sitzt du auf und behältst die Beine und die Füße in der Position von vorher. Die Arme hebst du in die fünfte Position als Kreis über den Kopf, der Rücken muß dabei gerade sein.

3 Die Lehrerin kann dir helfen, dich nach vorne zu beugen und dabei den Rücken schön gerade und gestreckt zu behalten.

4 Beende die Übung, indem du dich völlig entspannst, so weit es geht, nach vorne gebeugt.

5 Setze dich wieder auf in die Ausgangsposition: gerader, gestreckter Rücken, die Arme in der fünften Position.

6 Senke die Arme in die erste Position und behalte dabei einen geraden Rücken. Wiederhole die ganze *exercice,* indem du dich mit rundem Rücken wieder in die Ausgangsposition abrollen läßt (1 oder 4).

Heben der Beine und Öffnen der Hüften

1 Lege dich gestreckt auf den Boden. Ein Bein wird über das andere gekreuzt. Dabei hältst du die Beine immer ausgedreht.

2 Hebe das Bein gestreckt in die Senkrechte.

3 Senke das Bein, auf die Seite gestreckt, gegen den Boden, ohne diesen zu berühren. Der Rücken und das Becken bleiben schön am Boden.

4 Führe das gestreckte Bein nahe über den Boden zur Ausgangsposition (1) zurück.

5 Jetzt ziehst du dasselbe Bein in einem *passé* (Seite 24) an, indem du mit gestrecktem Fuß der Wade entlang bis zum Knie fährst. Die Hüften bleiben am Boden und die Ferse des angezogenen Fußes berührt das Bein nicht.

6 Strecke das Bein wieder und kreuze es über das andere.

Jetzt machst du die Übung gleich mit dem anderen Bein. Dazu kreuzt du die Beine zuerst umgekehrt.

Öffnen der Hüfte

1 Setze dich mit gebeugten Beinen hin; die Fußspitzen berühren sich, die Fersen sind vom Boden abgehoben. Hebe und senke die Knie.

2 Spreize die Beine so weit als möglich gegen den Boden, die Fußspitzen gesenkt. Beuge die Beine wieder und kehre in die Startposition zurück.

Seitliche Biegung des Oberkörpers

1 Setze dich hin und grätsche die Beine so weit als möglich. Behalte einen geraden Rücken und nimm die Arme in die *couronne*.

2 Senke den linken Arm und drehe gleichzeitig den Oberkörper seitwärts aus.

3 Senke den Oberkörper auf das linke Bein. Halte den rechten Arm parallel zum linken Bein. Der linke Arm befindet sich in der zweiten Position. Kehre sorgfältig in die Startposition zurück und wiederhole die Übung auf der rechten Seite.

Placement der Hüften

1 Setze dich mit gebeugten Beinen hin, so daß die Fußsohlen sich berühren. Stütze dich hinter deinem Rücken auf die Hände und halte dabei deinen Rücken gerade.

2 Nimm die rechte Ferse in deine Hand und strecke das Bein nach vorne. Wie immer solltest du dabei deinen Rücken gerade halten.

3 Hebe das gestreckte Bein auf die Seite. Der Rücken bleibt weiterhin gerade.

4 Laß dein Bein los und behalte es trotzdem schön gestreckt in der Höhe.

5 Gehe in die (Start-)Ausgangsposition zurück und wiederhole die *exercice* auf der andern Seite.

An der Ballettstange

Mit der Arbeit an der Stange bereitest du dich auf die *exercices* in der Saalmitte und schließlich, für später, auf die Ballettschritte vor.

Die Ballettstange hilft dir, dein Gleichgewicht zu finden und zu halten. Alle Übungen werden zuerst auf die eine, dann auf die andere Seite ausgeführt, damit beide Seiten des Körpers gleichmäßig durchgearbeitet werden.

Pliés in der ersten Position

1 Stelle dich seitlich zur Stange hin. Die Füße und der freie Arm in der ersten Position.

2 Nimm den Arm in die zweite Position.

3 *Demi plié:* die Fersen berühren sich und bleiben am Boden, die Knie sind halb gebeugt!

4 Gehe weiter in die Knie – *grand plié:* die Knie sind jetzt ganz gebeugt, die Fersen sind vom Boden abgehoben. Den freien Arm senkst du in die Ausgangsposition.

5 Erhebe dich langsam über einen *demi plié* wieder in die Ausgangsposition zurück. Den Arm nimmst du in die erste Position.

6 Öffne den Arm in die zweite Position.

Relevé vorwärts zur Stange

1 Mache einen *demi plié* in der ersten Position; halte die Fußgelenke stabil, den Rücken gerade und die Schultern gesenkt.

2 Strecke die Beine wieder.

3 Und nun einen *relevé* auf halber Spitze; die Fersen nach außen.

4 Zurück in die erste Position, ohne die Knie zu beugen. Wiederhole die Bewegung.

Relevé in der sechsten Position

1 Stelle dich mit gestreckten Beinen an die Stange. Die Ferse geschlossen in der sechsten Position, den Rücken immer schön gerade.

2 Geh auf die halbe Spitze und hebe dabei die Fersen so hoch als möglich.

Port de bras mit *cambré*

1 Beuge aus der fünften Position deinen Oberkörper so tief als möglich gegen das Bein.

2 Erhebe dich wieder und neige deinen Oberkörper leicht rückwärts. Der Arm ist schön gestreckt und der Kopf sollte in der Verlängerung des Arms liegen.

Passé

1 Das Standbein ist ausgedreht und auf halber Spitze. Der freie Fuß fährt dem Bein entlang zum Knie. Der freie Arm ist in der dritten Position.

Seconde und *arabesque*

1 *Seconde* in die Höhe: Das Standbein sollte perfekt gestreckt sein. Das Spielbein hebst du in die Höhe, ebenfalls gut gestreckt und ausgedreht. Der Rücken sollte gerade bleiben, der freie Arm ist in der dritten Position.

2 *Arabesque* an der Stange: die *arabesque* ist eine Bewegung, die sehr sanft ausgeführt wird. Der Rücken wird, so gut es geht, gestreckt und der Kopf sollte aufrecht sein.

Fuß auf der Stange

1 Fuß auf die Stange in der vierten Position nach vorne, auf halber Spitze.

2 Den Fuß in der Hand halten.

Spagat

2 Grätsche: Spagat auf die Seite. Die Beine sollten den Boden auf ganzer Länge berühren.

1 Der Spagat ist die letzte unserer Übungen an der Stange. Nachdem du dich komplett aufgewärmt hast, kann die Lehrerin dir helfen, das Bein so weit als möglich zu heben, während du dich an der Stange hältst. Aber Vorsicht! Diese Übung solltest du nur mit Hilfe deiner Lehrerin machen.

3 Spagat

In der Mitte des Saales

Nach den Übungen an der Stange gehst du jetzt zu den Übungen in der Mitte des Saales über. Hier bist du auf dein eigenes Gleichgwicht angewiesen. Nach einigen *exercices* lernst du hier auch schon kleinere Schrittfolgen.

Der *port de bras*

Die Bewegungen der Arme sind im klassischen Tanz sehr wichtig: In einem Ballett spricht man mit seinen Händen und seinen Armen. Sie mit viel Anmut und trotzdem natürlich bewegen zu lernen fordert viel Training.

   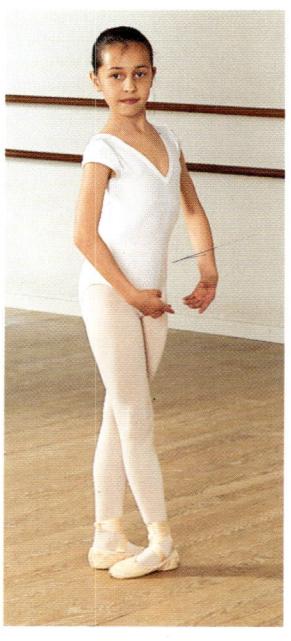

1 Stelle dich in der fünften Position hin, die Schultern leicht zurück.

2 Hebe die Arme in die erste Position.

3 Dann öffne sie in die zweite Position.

4 Senke sie wieder in die Ausgangsposition.

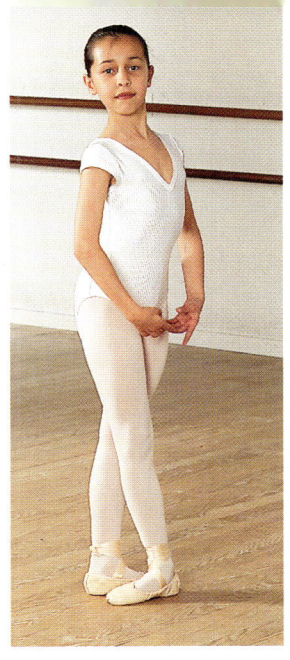

5 Hebe sie wieder in die erste Position.

6 Hebe den Arm in die dritte Position und vergiß nicht, den Bewegungen nachzuschauen.

7 Senke den linken Arm wieder in die zweite Position ...

8 ... und weiter in die Ausgangsposition.

9 Hebe sie wieder in die erste Position ...

10 ... dann in die fünfte.

11 Senke sie in die zweite Position.

12 Beende den *port de bras* in der Ausgangsposition. Wechsle die Position deiner Füße und mache die *exercice* auch auf die andere Seite.

Der *pas de bourrée*

1 Stelle dich in der fünften Position in die Mitte der Tanzfläche, der rechte Fuß hinter dem linken und die Arme in Startposition.

2 Beuge die Beine und hebe die Arme in die erste Position.

3 Nimm das rechte Bein in die zweite Position und hebe den Fuß leicht vom Boden ab.

4 Komm mit gestreckten Beinen auf die halbe Spitze.

5 Bleibe auf halber Spitze und öffne die Beine in die zweite Position. Gleichzeitig öffnest du auch die Arme in die zweite Position.

6 Stelle den rechten Fuß vor den linken in einem *demi plié*. Die Arme nimmst du in die Ausgangsposition.

7 Um den *pas de bourrée* zu beenden, streckst du jetzt die Beine.

Der *échappé épaulé*

1 Stell dich in der fünften Position hin, den rechten Fuß vor dem linken. Die Arme verbleiben in der Ausgangsposition.

2 Beuge die Beine und hebe die Arme in die erste Position.

3 Öffne die Beine und erhebe dich auf die halbe Spitze. Die Arme nimmst du in die zweite Position.

4 Stelle die Füße wieder in die fünfte Position. Jetzt ist der linke Fuß vor dem rechten.

5 Wiederhole den *échappé* auf die andere Seite.

6 Nimm die Füße wieder in die fünfte Position, jetzt steht wieder der rechte Fuß vorne.

7 Strecke die Beine wieder und nimm die Arme in die Ausgangsposition.

Der *passé au genou*

1 Ausgangsposition ist auch hier die fünfte. Das rechte Bein ist vorne, die Arme befinden sich in der sechsten Position.

2 Beuge die Knie.

3 Hebe dich auf die halbe Spitze und ziehe den rechten Fuß dem Standbein entlang zum Knie hoch. Zum Beenden der Übung stellst du dich wieder auf beide Füße, machst einen *plié* und kommst in die Ausgangsposition zurück.

Die *arabesque*

Die *arabesque* ist eine sehr schwierige Übung, weil sie ein exzellentes Gleichgewicht voraussetzt.

1 Stelle dich auf ein Bein und achte darauf, daß du dein Gleichgewicht gut hältst. Jetzt hebst du dein Spielbein nach hinten. Zuerst auf halbe ...

2 ... dann auf ganze Höhe.

3 Die *arabesque* auf der halben Spitze, unter Anleitung der Lehrerin.

Die Spitzen

Du hast sicher auch schon davon geträumt, auf den Spitzen zu tanzen wie eine Primaballerina, die dabei den Boden kaum berührt.

Aber Achtung! Um mit Spitzentanz zu beginnen, solltest du 10 bis 12 Jahre alt sein.

Exercice Nr. 1

1 Stelle dich in der zweiten Position an die Stange.

2 Komme, ohne die Knie zu beugen, zuerst auf halbe Spitze ...

3 ... dann auf ganze Spitze. Achte darauf, daß die Schultern gerade und die Fersen gegen die Stangen gerichtet sind.

4 Bleib auf ganzer Spitze und behalte die Füße gut ausgedreht. Beuge die Beine zu einem *plié* in der zweiten Position.

5 Senke dich wieder auf die halbe Spitze und ...

6 ... stelle auch die Fersen wieder ab.

7 Strecke die Beine.

8 Hebe dich wieder auf ganze Spitze und suche dein Gleichgewicht. Diese *exercice* solltest du mehrere Male wiederholen.

Exercice **Nr. 2**

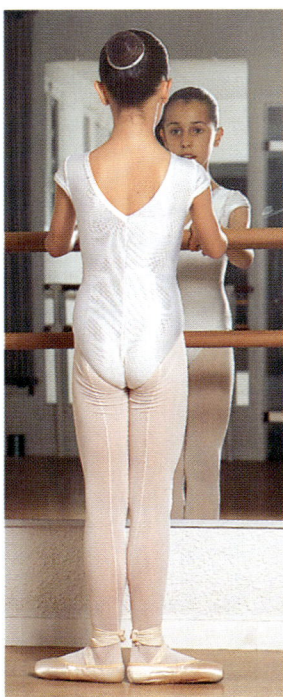

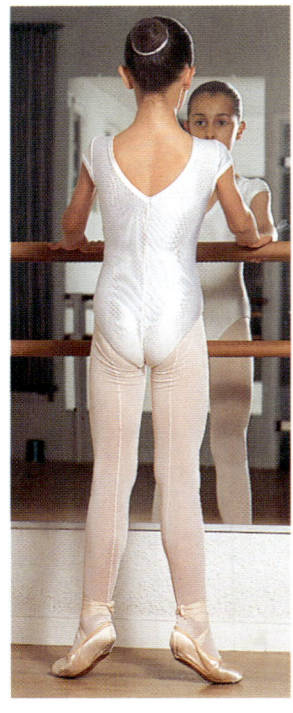

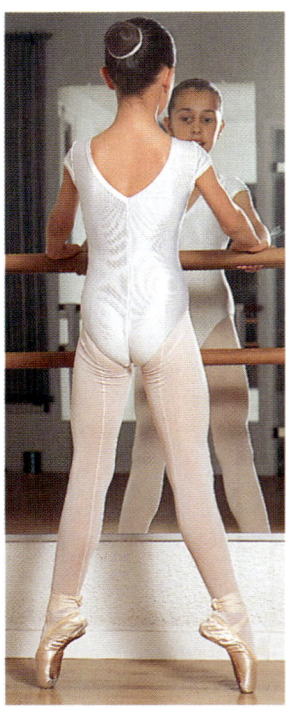

1 Mache einen *demi plié.*

2 Strecke die Beine.

3 Hebe dich auf halbe Spitze, ohne dabei die Knie zu beugen,

4 ... dann auf ganze Spitze ...

5 ... dann wieder auf halbe Spitze ...

6 ... um dann auch die Fersen wieder abzustellen.

7 Die Bewegung endet auf ganzer Spitze.

Échappé, gefolgt von einem *relevé* in der fünften Position

1 Stell dich in der fünften Position an die Stange, der linke Fuß vor dem rechten.

2 Beuge die Beine ...

3 ... strecke und öffne sie und „springe" gleichzeitig auf ganze Spitze.

4 Geh wieder in die fünfte Position *plié* zurück und wechsle den Fuß. Jetzt ist der rechte vor dem linken.

5 Streck die Beine ...

6 ... und beuge sie wieder.

7 Erhebe dich auf ganze Spitze und behalte die Füße schön gekreuzt und geschlossen.

8 Geh wieder in die fünfte Position *demi plié*.

9 Ganz zum Schluß streckst du die Beine. Du kannst die ganze Übung noch mit dem andern Bein wiederholen.

Vom Studio auf die Bühne

Hast du genug trainiert? Kennst du deine Schrittfolgen?
Bald ist es nämlich soweit: Der große Tag ist schon nahe ...
In einem richtigen Theater, in einem richtigen Kostüm und vor vielen Zuschauern
wirst du auf der Bühne tanzen ...
Die Arbeit im Studio dient dem Ziel,
dich auf das Tanzen in einem Ballett auf der Bühne vorzubereiten.
Berufstänzer, auch die großen, verbringen mehrere Stunden pro Tag damit,
sich aufzuwärmen, Schrittfolgen und Übungen zu wiederholen.

Am Tag der Aufführung muß jeder Schritt perfekt sitzen. Ein kleiner Patzer kann den Erfolg des ganzen Balletts gefährden. Du mußt deine eigenen Schritte genaustens kennen und auch wissen, wie du sie zu den Bewegungen der andern ausführen sollst. Du wirst sehen: die Arbeit im Studio hat sich gelohnt.

Der Vorhang hat sich gehoben. Jetzt denkt man an nichts mehr, außer ans Tanzen.

▼

Ein Ballett erzählt meistens eine Geschichte. Diese Geschichte gilt es nun umzusetzen, zu inszenieren. Das ist die Aufgabe des Choreographen. Er erfindet Schrittfolgen und Bewegungsabläufe, die die Tänzer lernen und genau ausführen müssen. Natürlich arbeitet der Choreograph zu den Rhythmen, die von der Musik vorgegeben sind.

Bist du bereit? Also, vergiß dein Lampenfieber – und los geht's: auf die Bühne!

▲
Am Tag der Aufführung muß alles reibungslos ablaufen.

▲
Das Make-up betont im Scheinwerferlicht die Gesichtszüge.

Die Beleuchtung betont die Wichtigkeit eines Bühnenbildes oder eines Szenenausschnittes.

▼

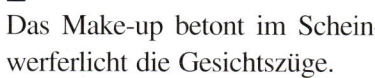

▲
Die Kostüme und das Zubehör sind für eine gute Inszenierung unerläßlich.

Der Choreograph hat die Tanzschritte und die Bewegungen ausgearbeitet.

▼

Wir danken den Mitwirkenden

Amandine, Célia, Eléonore, Fanny, Florence und Sophie, Florence, Laetitia, Marie-Odile, Maud, Sophie.
Fotos: Académie de Dance Classique Marie-Laure MEDOVA, 18-18bis, rue Agathoise à Toulouse.

1. Auflage 1992

Aus dem Französischen übertragen von Judith Furrer
Leihgabe der Fotos: Editions Milan und Augustin de Berranger für die Seiten 40, 41.
Die Originalausgabe erschien unter dem Titel „Mes premiers pas de danse classique"
bei Éditions Milan, 300 Rue Léon Joulin, F-31100 Toulouse
Copyright © Éditions Milan, F-31100 Toulouse 1991
Alle deutschen Rechte vorbehalten
Copyright © 1992 Verlag AARE Solothurn
Gedruckt in Belgien bei Casterman S.A., Tournai
ISBN 3-7260-0392-4

Inhaltsverzeichnis